Extra Large Print
WORDSEARCH
EASY-TO-READ PUZZLES

SIRIUS

SIRIUS

This edition published in 2023 by Sirius Publishing, a division of
Arcturus Publishing Limited,
26/27 Bickels Yard, 151–153 Bermondsey Street,
London SE1 3HA

Copyright © Arcturus Holdings Limited
Puzzles by Puzzle Press

ISBN: 978-1-3988-2975-6
AD011087NT

Printed in China

CONTENTS

ICE CREAM

APRICOT	MAPLE AND WALNUT
BANANA	MARZIPAN
BUTTER PECAN	NEAPOLITAN
CAPPUCCINO	PEACH
CARAMEL	PEANUT
CHOC AND NUT	PINEAPPLE
CHOCOLATE	PISTACHIO
COCONUT	PRALINE
CREME BRULEE	SHERBET
FOREST FRUITS	SPUMONI
GREEN TEA	TUTTI-FRUTTI
LEMON	VANILLA

```
F O S T I U R F T S E R O F B
O I H C A T S I P L E M P A I
E M A P L E A N D W A L N U T
R I C I L C T E V H S A S A T
N N R N I U A A D W N M H E U
A O E E N L E P L A A U E T R
C M M A A E A O P R D Z R N F
E U E P V M W L Z U D T B E I
P P B P R A L I N E C T E E T
R S R L Q R P T J N U C T R T
E T U E M A Z A Y N O B I G U
T T L K N C A N O M E M O N T
T P E A C H O C O L A T E Z O
U I E T O T O C I R P A Q L U
B I S K E C H O C A N D N U T
```

BOXES	PLANTS
CLIPS	POTS
COMPOST	RIDDLE
CONTAINER	SCOOP
COOLING	SIEVE
FLOWER	SOIL
GERMINATION	STAKE
GLASS	TAGS
GROWING BAG	TEMPERATURE
HERBS	THERMOMETER
LABEL	TRAYS
MANURE	VENTS

H	E	R	B	S	P	A	S	W	I	T	N	R	S	X
R	S	K	O	R	B	L	E	C	A	E	N	S	T	J
E	I	I	A	T	E	R	S	G	O	C	U	O	N	I
T	L	D	B	T	U	N	S	W	V	O	N	G	E	J
E	L	T	D	N	S	U	I	K	K	C	P	N	V	G
M	E	E	A	L	C	O	G	A	G	F	D	I	Z	A
O	B	M	P	U	E	L	P	S	T	T	E	L	M	B
M	A	P	W	L	A	L	Y	M	I	N	D	O	C	G
R	L	E	B	S	A	D	R	P	O	E	O	O	L	N
E	F	R	S	O	B	N	O	I	E	C	V	C	I	I
H	L	A	D	I	X	F	T	R	A	Y	S	E	P	W
T	O	T	S	G	V	E	W	S	P	O	T	E	S	O
E	W	U	X	J	I	W	S	T	V	B	O	C	I	R
G	E	R	M	I	N	A	T	I	O	N	P	B	G	G
S	R	E	S	R	X	S	J	H	Q	H	B	Q	S	D

BRIGHT

BEAMING	LUMINOUS
BLAZING	LURID
BRILLIANT	PELLUCID
FIERY	RADIANT
FLAMING	RESPLENDENT
FLASHING	SHINING
GARISH	SHOWY
GLARING	SILVERY
GLEAMING	STARK
GLOWING	SUNNY
INTENSE	TWINKLING
IRIDESCENT	VIVID

```
D E M K G N I H S A L F R A G
I D A R E A L L Y H V F D T I
V B L A Z I N G K S O A T W N
I S M T B Y N N U S G W I I T
V M U S T N A I D A R R Y N E
K D E O N N E N R O I P E K N
B N A Y N C Z I U D E D Q L S
Y R E V L I S H E L N D F I E
B D I H A H M S L E A Y L N N
E I Y L S S C U L S S C A G I
A R R O L E C P L C E D M R Y
M U E O N I S V G L O W I N G
I L I T D E A S B B L I N R R
N M F X R O G N I R A L G X G
G L E A M I N G T U P L A R J
```

TIRED

BORED	SAPPED
BURNED OUT	SHATTERED
BUSHED	SLEEPY
DEAD BEAT	SPENT
DEPLETED	USED UP
DONE IN	WASTED
DROWSY	WEAKENED
FATIGUED	WEARY
JADED	WHACKED
POOPED	WILTING
READY TO DROP	WORN DOWN
RUN RAGGED	ZONKED

```
Y T A E B D A E D E A R E D B
E L K W B D E H S U B J E A D
S A P P E D M R C Y E D Y J E
T S O W H A C K E D A E P O R
E G R R T Y K W Z J K A S E E
K B D D E P L E T E D E A D T
D U O F E F O L N Y U Z U Y T
E R T U Z G X O T E R R P N A
U N Y S Y P G S P D D A W Y H
G E D E P W L A E E G O E S S
I D A D F E T K R Q D B N W Y
T O E U E I N I E N O D M O P
A U R P E O R T R R U B D R S
F T Y I Z C V O E H Z R T D I
H D E T S A W D G N I T L I W
```

THINGS THAT FLOW

AIR CURRENT

BACKWASH

BLOOD

CLOUDS

ELECTRICITY

FOUNTAIN

GEYSER

GRAVY

JUICE

LIQUID

MAGMA

OLIVE OIL

PERFUME

RIPPLE

RIVER

RIVULET

SALIVA

SMOKE

STEAM

STREAM

TIDES

TRAFFIC

WATER

WAVES

```
V P E I E S T A E M O I S P S
I A W L Y T I C I R T C E L E
V T S C P R B L I Q U I D S V
A E G E M P E R F U M E I M A
S D A T A V I L A S R B T O W
O F O K N V E R S J E I Q K O
K O O O U E K A Y M V H G E L
H U V L L T R A F F I C T G I
S N E H C B C R V E R C R V V
A T R D D E A S U S O A L C E
W A R E S Y E G T C V C L J O
K I F E U E P E P Y R O U H I
C N W C A W A T E R U I I V L
A D A S A M G A M D C I A M G
B C A S T R I L S E M E R M S
```

APPLES

ASPARAGUS

BERRIES

CARROT

CAULIFLOWER

CELERIAC

CREPE

FONDUE

LENTIL

LETTUCE

PEACH DIP

PEPPERS

POTATOES

PULSES

RAW FOOD

ROAST

SALAD

SOUP

SPINACH

STEW

STIR-FRY

TASTY

VARIETY

VEGAN

```
S U G A R A P S A P P O N S T
D A L A S E P I R Z U Q E I A
E A U S D P W E D C E L F N S
X S O M O O I O P H P S S J T
V U E J R N O N L P C Y Y E Y
P P E I E S W F A F E A G H S
M I O I R V T L W C I R E S M
H V C T U R M I V A H L S P W
O F A L A D E U R E R J U L K
N J R R E T J B D F G O V A F
A Q R D I T O L W P R A A O C
M P O A R E T E O E K Y N S Q
L I T N E L T U S D T D P O T
Q E Z V V E I Y C G U S R G O
H E O C A I R E L E C R E P E
```

MACHINES

ADDING

ANSWERING

CALCULATING

DIALYSIS

ELECTROSTATIC

ENIGMA

FACSIMILE

FLYING

FRUIT

GAMING

KARAOKE

LOTTERY

MILITARY

MINCING

PINBALL

PLANING

SAUSAGE

SAWING

SLOT

STAPLING

TEXTILE

TICKET

WALKING

WASHING

```
C I T A T S O R T C E L E M R
I U E N L N V S U A D D I N G
E V X G N I L P A T S L C N A
D V T B G C F A C S I M I L E
G N I R E W S N A T Z H I I S
N D L M Y Z M A A S S S Y A A
I G E V W Q F R U A I S R M T
C L N F H R Y F W S G B G G E
N L L I U L L U Y N A I Y N K
I A P I K Y G L I G N G R I C
M B T W I L A W N E S I E N I
A N U N Z I A I F X L D T A T
L I G L D S M W Q U O T T L Z
Z P E K O A R A K T T V O P D
T I F B G N I T A L U C L A C
```

TAKING A FLIGHT

AIR STEWARD	LONG-HAUL
AISLE	PASSPORT
ARRIVAL	PILLOW
BAGGAGE	PILOT
BLANKET	RUNWAY
BRIDGE	SAFETY
CHECK-IN	SEAT BELT
CUSTOMS	SECURITY
DUTY-FREE	TAXIING
GATES	TICKETS
LANDING	TROLLEY
LOCKER	WINDOW

```
Y A W N U R N S J E E G C Q E
Z I G R E C P H E D N Q U W Y
B S E T A G P X T A X I I N G
R L G N I D N A L U T L E L S
L E S N W C R B S S X B X H I
E D K I T S K W R S A F E T Y
X B R C Z L F E O I P Q F L Y
T A Y A O J U F T D D O U D T
R G P V W L N A B S N G R U I
O G R I M E M I H L C I E T R
L A N K L T T S K G A C W Y U
L G Y S M O T S U C N N M F C
E E Y M Z J T D R N E O K R E
Y X H U U W O L L I P H L E S
X L A V I R R A L L A A C E T
```

HELP

ADVANCE	NURSE
ADVISE	NURTURE
BENEFIT	PROMOTE
CO-OPERATE	PROP UP
CRADLE	RALLY AROUND
EXPEDITE	REINFORCE
FACILITATE	SECOND
FORTIFY	SERVE
FOSTER	SMILE ON
HEAL	SPONSOR
INTERCEDE	SUPPORT
MINISTER	UPHOLD

```
E T A T I L I C A F M P Z N Z
V Y S V P E R E U T C N D U S
R L E S B A R E T S I N I M E
E C W X D A X A C O U K I C Y
S N Y L V P X T L O M L R W G
Z B E N E F I T R B E O Q Y I
R C B D V F Y A E O F T R Z N
F E I E G V Y W N N P O H P T
D T T D L L G F I U S P N V E
E N Y S L H P E I N R A U C R
N R O A O O R R O T D T N S C
C U R C Q F H P O V R A U C E
D Q R G E E S P I P V O C R D
S F Q S A S D S U D U J F I E
X N B L E Q E T A R E P O O C
```

WATERFALLS

ANGEL	INDIAN CHIMNEY
BLENCOE	KRIMML
BROWNE	NIAGARA
DETTIFOSS	PHANTOM
DUNN'S RIVER	RHINE
EMPEROR	RINKA
HALOKU	SHOSHONE
HAVASU	TOLMER
HIGH FORCE	TUGELA
HOPETOUN	UTIGORD
HORSESHOE	WAIHILAU
IGUASSU	WATSON

```
G I O I W A I H I L A U Y L D
N O S T A W Q A M O T N A H P
H A L O K U K U S S A U G I U
Z S V S L N I C D E E E D E G
K I N D I A N C H I M N E Y L
Q R H R D R V L M P P O B N E
E E V O D B E B A S E H A L O
C M K Y P E L V I D R S R K H
R L I N T E T B I E O O A C S
O O S R N U T T B R R H G M E
F T I C H V G O I O S S A B S
H S O P P G E E U F E N I H R
G E N W O R B O L N O X N X O
I K R I M M L X D A E S Q U H
H A V A S U T I G O R D S W D
```

NUTS AND SEEDS

ALMOND	DILL
ANISE	FENNEL
ANNATTO	FLAX
BETEL	HAZELNUT
BRAZIL	PEANUT
CASHEW	PECAN
CELERY	PINE NUT
CHESTNUT	PISTACHIO
COBNUT	POPPY
COCONUT	PUMPKIN
CORIANDER	SESAME
CUMIN	WALNUT

```
C E D O L L Y D C S O T H E N
A M A F U Y P R Y O U U T K O
G A B P U M P K I N C Z C W T
E S N K R L O T T C J O E U Y
K E A L E Z P S F O T H N X H
I S E T M B E H I R S L N U C
D Q E M R H A H E A A I B E T
N B T A C Z C D C W M F L A X
O J Z P E A N U T U A E T R Y
M I T L T A N U C N R N U E K
L F N S I A T O N Y T N N S L
A U I R C M B A T U N E N I P
T P O E G N T R A C U L X N L
G C P A U T L L I D A L L A H
U P V T O N C A N T I M A R O
```

COFFEE

AMERICANO

BEANS

BITTERNESS

BLACK

BRAZIL

BREWING

COFFEE POT

ESPRESSO

ESSENCE

EXTRACTION

FILTER

GREEN

HOUSE

INDIA

KENYA

MOCHA

ORGANIC

PERCOLATED

PLANTATION

ROBUSTA

STRONG

TABLE

TASTE

WHITE

```
N T O P E E F F O C O B T K J
S N A E B C X M M A E E A C U
B O N O I T A T N A L P S A O
A A R E O S L F R T T Q T L R
P B R E W I N G I A L P E B G
S V R R Z O V A H N C O E A A
S R P A G D T I S I N T T H N
E O R A N J L D C A A Q I C I
N B E O H K U N C B E I H O C
R U G K E E F I L T E R W M N
E S S N S S R E S P R E S S O
T T Y U O E S S E N C E N A R
T A O B M R E V E M E X I C O
I H K A D E T A L O C R E P E
B Z N E E R G S P A P P L Y D
```

HARVEST TIME

ABUNDANCE	FODDER
APPLES	HERBS
BEANS	HONEY
BINDER	MAIZE
CAULIFLOWERS	MOWING
CHAFF	PRESERVES
CHERRIES	SINGING
CIDER	THRESHER
CUTTING	TRACTOR
DRYING	TRAILER
FARMYARD	WHEAT
FEASTING	YIELD

```
T Y M O W I N G N I Y R D K I
W E I A D J H P D F Z E F D S
E N S E I R R E H C D H A D N
F O S V L Z A P P L E S R B A
E H A R S D E B K X Z E M K E
A F T A E H W S U I B R Y T B
S S N F A W G B O N S H A D I
T D G Z W N O R E E D T R R N
I O X N I D E L V N T A D O D
N M G G I D H R F Q E Y N T E
G J N X D T E T F I B I O C R
M I Q O D S T R A I L E R A E
S V F G E W L U H H T U I R K
R G W R E D I C C S H E A T A
T X P F F M S B R E H U K C B
```

COINS

ANGEL

BEZANT

COPPER

CROWN

DENARIUS

DOLLAR

DOUBLOON

DUCAT

FARTHING

FLORIN

GROAT

GUILDER

GUINEA

KRUGERRAND

MOIDORE

NAPOLEON

NICKEL

NOBLE

POUND

SHILLING

SOVEREIGN

STATER

THALER

THREEPENNY BIT

```
F U M U N N I N S P E T A Y F
T A O R G O L G U I L D E R S
T R R I J E O E R G E J U N H
W H E T F D S L G L O Z I O I
D F R P H Q X U B N I C K E L
N K Y E P I D O I U A W V L L
G U R Z E O N B F R O A M O I
I D N U O P C G E L A D M P N
E V B V G T E N G Z O N R A G
R C A D A E A N W U A R E N S
E D J C O O R S N O I N I D T
V L U T Y L Y R Y Y Y R N T A
O D Q R K A L P A X B C E L T
S R E L A H T A M N J I E A E
E R O D I O M C R Z D K T J R
```

VEGETABLES

ASPARAGUS

BAMBOO SHOOTS

CARROT

CAULIFLOWER

CELERIAC

CHARD

ENDIVE

ESCHALOT

GREENS

LENTIL

MAIZE

PEPPER

PLANTAIN

POTATO

PUMPKIN

RADISH

RUNNER BEAN

SALSIFY

SCALLION

SCORZONERA

SPINACH

SPROUTS

SWEETCORN

ZUCCHINI

```
D B G Y N A E B R E N N U R P
T R A S F E S C H A L O T B O
F O A M A I S P I N A C H C R
Z L R H B S S K R S U L S A A
S U K R C O C L P O N E A U E
R B C J A E O A A T U N S L N
P A B C N C R S L S C T K I R
E L D D H A Z C H L K I S F O
P Z I I G I O L E O I L L L C
P V I U S R N I B L O O Q O T
E O S A Q H E I U L E T N W E
R O T B M N R E H Z C R S E E
V C R A N I A T N A L P I R W
D U R J T S J W M S J W S A S
A S P E N O K N I K P M U P C
```

HORSES

BAY	GYMKHANA
BIT	HOOVES
CHARGER	MANE
CHESTNUT	MARE
CLYDESDALE	MUSTANG
COLT	NEIGH
DRESSAGE	PIEBALD
EQUINE	PONY
FARRIER	REINS
GELDING	ROAN
GIRTH	SADDLE
GREY	SHETLAND

```
S A G U I K Z K D N A P V X T
F C L Y D E S D A L E U O M I
P P T D M G J O H K N U U N B
I B Y Q N K R Z E A O S K M Y
E A F R E A H Q Q Q T P P X P
B U A R I H L A G A U O X D O
A T R P G G J T N X F I R S M
L U R A H M W G E A J E N A A
D N I M W V G G K H S G N E R
Q T E B M H N Y S S S E R E E
G S R G I I F R A E S K B E G
N E L D D A S G B V L N E Q Y
M H N L C N E A P O Y I I E T
L C E A B I H T L O C W K E D
D G I R T H Z O C H A R G E R
```

PIZZA

ANCHOVIES

BACON

CAPERS

CHEESE

CHICKEN

DEEP PAN

DICED PORK

DOUGH

GARLIC

GREEN PEPPERS

JALAPENOS

MOZZARELLA

MUSHROOMS

OLIVES

ONIONS

OREGANO

SAUSAGE

SPICY

SQUID

STONE-BAKED

STUFFED CRUST

TOMATOES

TOPPINGS

TUNA

```
Z A S R E P P E P N E E R G R
F T S U R C D E F F U T S U C
S T N D O U G H Y E S E E H C
E K O A K L G A S C R P I Q S
I G U P P H I E S N I C S O T
V M A O P P E V S E K P N T O
O S F L R I E O E E E I S O N
H D R Y L E N E N S O L R M E
C I W E Q E G G D N L E A A B
N U A Q P R R A S G R A N T A
A Q V A I A B A N N A N U O K
P S L A J H C A Z O R R T E E
S A U S A G E H C Z E A L S D
J I N E M U S H R O O M S I F
V D I C E D P O R K N M Z C C
```

A WORDS

ABYSMAL	ATROCITY
ACTINIUM	ATTAIN
AFFLICTION	ATTEST
AFTERWARD	ATTIRE
AGENDA	ATTUNED
AKIMBO	AUBURN
ALABAMA	AVALANCHE
AMARANTH	AVARICIOUS
ANDROID	AVENUE
ANKARA	AXIOM
APPLE	AZTEC
ASSERT	AZURE

```
E A E L A E O B M I K A S S A Y
Y R T A L S A T A A F V A L P
N L I P D H S A M A R A N T H
A O P T A E N E D I O R D N A
A A I Z T K U S R R N I A B V
A V T T A A A E A T K C T F A
A E A R C B F A W E C I L U E
C J A Y T I C O R T A O K V H
T A N A A O L U E K I U M A C
I U P R A E Z F T A S S R T N
N S A G U A I I F N I A T T A
I R A M A B A L A A X A M U L
U A A V E N U E A I A C N N A
M A D N E G A A O O R D V E V
A U E A B L A M S Y B A C D A
```

ALICE	INDIGO
AZURE	LAZULINE
BLEU DE FRANCE	LIGHT
BONDI	OXFORD
BRANDEIS	PERSIAN
CELESTE	POWDER
COBALT	PURPLE
CYAN	ROYAL
DENIM	SAPPHIRE
EGYPTIAN	STEEL
FRENCH	TIFFANY
HYACINTH	TUFTS

```
N R A S E R I H P P A S W M O
A V E T A G H A Y Y G S R G J
Y M I N E D Y T U A Q M I J D
C P B R Y F R P J E C D I E A
A B E O E N R O T J N I A D L
R B X R N D A E F I M D N C S
I E B H S D W F N X A U K T E
E U L R E I I O F C O N F C H
C Z U P A T A U P I H U I I O
C O C L R N S N T Q T L H N E
H M B L E U D E F R A N C E S
O E K A S E P E L D O Z U M B
T H G I L Z T A I E L Y U S A
M G H U X T N S Y S C M A R A
I N D I G E E N I L U Z A L E
```

TIME

AFTERNOON	MILLISECOND
ALARM	NANOSECOND
ANNUAL	NIGHT
BRIEF	OLDEN
CHRISTMAS	PULSE
CLOCK	SHIFT
CYCLE	SOON
DELAY	SPELL
EPOCH	SUNSET
GREENWICH	TEMPO
INSTANT	TOMORROW
LATTER	WEEKS

```
S  G  K  C  O  L  C  S  J  C  T  R  B  W  Q
A  A  N  Q  X  S  L  X  P  H  S  R  D  L  I
M  D  O  A  V  E  H  A  G  E  I  V  A  D  G
T  N  O  D  I  D  N  I  T  E  L  A  L  G  S
S  O  S  E  T  N  N  V  F  T  F  L  A  Y  Z
I  C  U  L  U  O  S  B  Y  T  E  B  R  G  T
R  E  Z  A  A  C  E  T  E  Z  P  R  M  G  W
H  S  L  Y  C  E  E  R  A  J  H  F  U  O  T
C  I  I  Y  Z  S  N  S  F  N  H  W  R  H  S
W  L  C  Y  N  O  E  E  L  D  T  R  V  V  V
E  L  I  U  O  N  P  J  W  U  O  T  J  O  K
E  I  S  N  S  A  O  T  E  M  P  O  L  O  E
K  M  X  A  L  N  C  B  O  A  H  D  A  W  W
S  G  O  S  V  P  H  T  U  J  E  R  N  F  A
N  R  T  S  O  H  C  I  W  N  E  E  R  G  I
```

SALAD

BACON PIECES

CABBAGE

CAESAR

CARROT

CELERY

CHEESE

CHICORY

COLESLAW

CRESS

CROUTON

ENDIVE

FENNEL

GREEN PEPPER

HERBS

MIZUNA

MUSHROOMS

NICOISE

OLIVES

ONIONS

RADISH

SHALLOTS

VINAIGRETTE

WALDORF

WALNUTS

```
W A Y S M O O R H S U M Y C W
A T R A M B U E S E Q E G R A
L E O O L I V E S N T R H O L
E O C E A U R E L T E W U U D
G W I S R C E X E E U A S T O
A R H I E H O R N U N L B O R
B A C O C T G P D A C N R N F
B D L C K I E Y I R R U E G O
A I D I A P C N V C J T H F O
C S T N P R A S E A C S L A N
A H I E S H A L L O T S R N I
R V R C O L E S L A W H R U O
R A E S P R S O E F A N U Z N
O W V H Y F A W A L E U O I S
T S S E C E I P N O C A B M D
```

BAMBOO

BARLEY

BEARD

BENT

BLUEGRASS

BROME

COCKSFOOT

ESPARTO

FESCUE

FOXTAIL

MAIZE

MEADOW

MELICK

MILLET

PAMPAS

PAPYRUS

QUAKING

RATTAN

SORGHUM

SUGAR CANE

TIMOTHY

TWITCH

VERNAL

WHEAT

```
L G R T H H E U J P N S F K T
R T N O G G H U A R S D N Y O
U E W X O J Y P C A L M V Y O
B M E I I B Y P P S A S B F F
R O U N T R M M O I E L D M S
A R K Q U C A A Z L U F U F K
T B C S F P H E B E A H P E C
T L I A T X O F G I G N N Z O
A C L N B U D P R W A R S S C
N W E H U R A T O B C H Z E L
W O M D A S X S A R A N E O V
F D Q E S O T R A P S E Z A G
I A B A Y M L G M I L L E T T
U E Y J I E U G N I K A U Q D
M M Y X Y S A Y Y H T O M I T
```

ASPARTAME	LIME JUICE
BITTER	MARZIPAN
CANDY	PICKLES
CARAMEL	RHUBARB
CHOCOLATE	SHERBET
CLOYING	SORGHUM
CUSTARD	SUCROSE
FONDANT	SUGAR
GHERKINS	SYRUP
HONEY	TAMARIND
KIMCHI	TREACLE
LEMON	YOGURT

```
M Y D V D A P P E S S E P A T
R U D R S E L K C I P U T K A
N E H N A O R E J K R Y G H M
O A T G A T Y Y C Y L H I A A
C S P T R C S I S L E M O N R
L H G I I O P U U K I M C H I
O E H A Z B S P C E D F E Y N
Y R E I S R T K R A E W O U D
I B R T J P A N O H J G C M C
N E K R P Y A M S R U U A P B
G T I E A E T R E R D B R C U
M T N A D N O F T N E B A T D
O F S C H O C O L A T E M R U
E G L L R H O N M Y M D E M B
L I M E J U I C E P Z E L O U
```

AQUARIUM	MARBLE
ASHTRAY	MIRROR
BEAKER	MONOCLE
BOTTLE	OVENWARE
CASSEROLE DISH	PAPERWEIGHT
COLD FRAME	PIPETTE
COMPUTER SCREEN	SPECTACLES
DEMIJOHN	TELESCOPE
EGG TIMER	TEST TUBE
FLASK	THERMOMETER
GOBLET	TUMBLER
LENSES	TV SCREEN

```
T H G I E W R E P A P E N F T
M H S I D E L O R E S S A C E
N E E R C S R E T U P M O C S
O V E L T T O B L K E L J M T
T M B A T T L E K B D D O N T
V U B E A K E R G F R N O H U
S I M G H S F L R G O A E O B
C R Q B O A H A E C T R M J E
R A R E L B M T L S M I K I J
E U O T W E L E R O C S M M J
E Q R Q F E R E M A A O H E X
N A R D G B P E T L Y B P D R
C P I P E T T E F S E S N E L
G J M S P E C T A C L E S V R
D U T E R A T E R A W N E V O
```

MADAM	METONYM
MAGNUM	MICROCOSM
MALCOLM	MINIMUM
MARJORAM	MISINFORM
MARTYRDOM	MODEM
MARXISM	MODICUM
MAXIM	MOMENTUM
MAYHEM	MONOGRAM
MECHANISM	MOONBEAM
MEDIUM	MUSEUM
MEMORIAM	MUSHROOM
MESMERISM	MUSLIM

```
M O O M A X M H M E M A M M F
M L O C L A M U V M M I O A M
I I D T D R I T R Y X O M E M
M M M A L D G O N A R E M B U
I A M D E Y F O M H C O N N S
U R L M E N T M S H R Y M O L
M X M M I E O U A I G O A O I
A I M S M W M N A G I H Y M M
R S I O J P I M M D N U H J O
J M X C N S T N O E M U E Y D
O E J O M O M E N T U M M M I
R M A R O B G M E E M I O S C
A H M C F M A R T Y R D O M U
M U M I N I M B A F E S M I M
M E S M E R I S M M U E S U M
```

SUMMER

AIRPORT	PARASOL
BEACH	POLLEN
BIKINI	POSTCARD
CAMPING	ROSES
CARAVAN	SALAD
FISHING	SEASIDE
FLIGHT	SHORTS
GARDEN	SUNGLASSES
JUNE	TENNIS
LAWNMOWER	VACATION
LEMONADE	WASPS
MEADOW	WATERMELON

```
L A V A S C H G N I H S I F N
D A L A S A P O S T C A R D E N
N L V R V R S E V A G S C S D
E X S P D A R M M H S T O P R
L T E A K V C P C H R R E S A
L H S R O A I A M S E O W A G
O J S A W N E E T W T H A W T
P L A S G B A T O I R S T C H
L L L O L D E M H I O X E A G
E G G L O N N I S X P N R T I
N R N W N W K E C Z R K M A L
J C U I A I S E A S I D E R F
U Y S L B O R E G S A E L I S
N W A N R R I N I K I B O P T
E D A N O M E L E N S O N Y L
```

FABRICS

ANGORA	KHAKI
CANDLEWICK	LACE
CHAMOIS	LAWN
CHENILLE	LINEN
CREPE	LISLE
DENIM	NEEDLECORD
DRALON	PEPLUM
ERMINE	POPLIN
FELT	SATEEN
FLEECE	SILK
GAUZE	TOILE
HESSIAN	WOOL

E	N	I	L	P	O	P	R	I	N	X	Q	D	F	I
N	K	E	L	V	T	N	E	E	T	A	S	L	T	K
E	C	R	E	R	W	G	D	P	O	H	E	H	P	A
E	I	A	J	A	X	R	D	S	L	E	B	E	I	H
D	W	R	L	O	A	A	Y	E	C	U	H	S	K	K
L	E	O	I	L	R	O	P	E	N	Z	M	S	Q	E
E	L	G	O	D	E	L	S	I	L	I	A	I	D	E
C	D	N	S	C	E	L	C	S	A	I	M	A	U	M
O	N	A	A	Z	H	T	L	I	G	H	P	N	V	S
R	A	R	U	N	L	A	L	I	N	E	N	X	I	W
D	C	A	T	M	E	R	M	I	N	E	X	L	U	H
W	G	R	B	S	T	L	F	O	L	E	K	L	M	M
O	O	U	E	L	J	F	I	I	I	G	H	A	D	M
N	S	O	E	P	M	F	T	O	K	S	D	C	M	C
P	P	F	L	U	E	F	Z	F	T	Q	T	E	C	V

TITLES

ADMIRAL	LORDSHIP
ARCHBISHOP	MADAM
BARON	MAHARAJAH
CAPTAIN	MISTER
COLONEL	PADRE
CORPORAL	PRESIDENT
COUNTESS	PRINCE
DOCTOR	QUEEN
EMPEROR	RABBI
ESQUIRE	SHEIKH
FATHER	SULTAN
KAISER	TSARINA

```
L A R I M D A P B B I R U B Y
B E E R D A P X P B E O L N K
T R S F A N X R B S K G W L N
H I A S D L I A I F C R O F M
A U H R E N R A A D J R Q A K
J Q L E C T K X X R D C D T P
A S U E B H N F M S O A J H R
R E V E D T B U H L M T O E E
A N B A E C L I O A O C C R S
H A I I A N P N S C Y N W O I
A T E A R I E O S H E I K H D
M L T D T L J R U I O U E J E
H U P D J P U A P A S P P E N
T S A R I N A B M I S T E R T
L A R O P R O C R O R E P M E
```

WILD WEST USA

CATTLE	RODEO
COWBOY	SADDLE
DAVY CROCKETT	SALOON
GAUCHO	SAM BASS
HOLD-UP	SHERIFF
HORSES	SHOOT-OUT
HOWDY	STAMPEDE
JOE WALKER	STEER
LARIAT	STETSON
MARSHAL	TOM HORN
OUTLAWS	WANTED
RANCH	WYOMING

```
G D A T T E K C O R C Y V A D
B N O S T E T S C A E J Q K Y
P L I R S O S U B L R A N C H
M V V M S A B H D Y S S N T U
W E Y T O O B D O N X Z S C G
L D E W X Y A M T O M H O R N
A E T A J S W A A M T W C R O
R P L N N U O R D S B O E F O
I M J T O S E S R O H K U S L
A A O E T U H H Y P L F H T A
T T H D G A T A O A W E T P S
F S C O Y X C L W L R O D E O
A T U B W L X E A I D L W L M
O L A B G D O A F W P U F H F
I U G H Q J Y F O Q S J P V H
```

AAPRAVASI GHAT	MASADA
ABU MENA	MEDINA OF SOUSSE
AKSUM	METEORA
ANGKOR	PETRA
ANJAR	ST KILDA
BISOTUN	TAXILA
BRYGGEN	TIMGAD
BUTRINT	TIPASA
BYBLOS	TIYA
DELOS	TSODILO
HATRA	TYRE
KAIROUAN	YIN XU

```
K M T A H G I S A V A R P A A
E R Y T A X I L A T I M G A D
C U H A I S G D A W H C M Q A
B K J V D X Z N T I P A S A S
Y I N X U L N A N J A R T Y A
V R S E Y Z I Q P V U O N R M
N G O O G O Q K E F E E I N A
A T W K T G H R T M E T R P L
E N S T G U Y W R S X E T Y B
A O E O R N N R A X I M U Y B
N Y H M D B A G B N A T B Y D
I N I Q U I S O L E D L J X R
U U A T M B L Z B C O A F S H
A M E D I N A O F S O U S S E
M U S K A I R O U A N N Q D H
```

BRISK

ACTIVE	NO-NONSENSE
BRACING	QUICK
BRUSQUE	RAPID
BUSINESSLIKE	REFRESHING
BUSTLING	SHARP
CRISP	SMART
DYNAMIC	SNAPPY
EFFICIENT	SPIRITED
ENERGETIC	STIMULATING
HASTY	VIGOROUS
LIVELY	VITAL
NIMBLE	ZIPPY

```
S G S G K K S U O R O G I V W
L S H N N E C M Y J L N H E N
H C V I Z I S I A P F I A K E
N I C T E R H X U P C V I S
D M I A L R A S E Q T A B L N
P A T L B L R X E I S R N S E
B N E U M I P A V R U B E S S
U Y G M I Y D E U S F F G E N
S D R I N R S E Q C F E L N O
T Q E T D L D U T I O A R I N
L E N S I I E L C I T C Z S O
I N E V P U P I T I R T I U N
N A E A B X E D V I T I P B R
G L R P J N F D S L H D P V U
Y A O R T Z A P H A S T Y S U
```

CALM DOWN

ABATE	QUIETEN
ALLAY	RECONCILE
ASSUAGE	RELAX
COOL OFF	REPOSE
DECREASE	SEDATE
DEFUSE	SETTLE
HUSH	SILENCE
LESSEN	SLACKEN
LOWER	STEADY
PACIFY	STILL
PLACATE	TEMPER
PROPITIATE	WANE

```
Y W A E R P Y X D I S P Y H E
D V A V T N A A Q C U S F N H
A O Y N D L E E L D A E I V R
E E I O E C S T V L F T C M G
T L L R F O P A E S A T A D D
S I N E U F X C V I E L P G E
B C L V S A O A N S U E X S C
R N K Y E S L L O E F Q X E R
E O T F L L E P O G K D E C E
P C V L I O E N E O H C T N A
M E F T O R V T I U C H A E S
E R S T W W A E S Z D B D L E
T F N A J B E H R S L T E I S
A S S U A G E R T R Y B S S S
O W I Z E E T A I T I P O R P
```

CRANE	LEE
ELIOT	LONGFELLOW
FALCK	MAHON
GRAY	NASH
HARRIS	NORTJE
HOBHOUSE	PAINE
HOGG	POUND
KANT	PYE
KEES	ROHMER
LAMANTIA	ROSA
LAMB	SHAKESPEARE
LARKIN	WOLFE

```
N X E H S A N O R T J E R J H
L W O Y A S G A R H P S E H Y
H G Q S P C K E W A R U M H B
G A O O H H N X V H N O H A M
O O L T M A V R Q C K H O S Z
A E T S R Q K Y Q L W B R M B
E C O C D E A E K W O O L S Y
A N M O W R L T S C L H L F L
E I Q H G E N I A P L K G F P
D J T P A A C J O V E A U W E
N I C N K R O S A T F A F X F
U T Z K A R R B K M G D R P B
O Q V L A M B I P P N S E E K
P E Z I K W A F S E O R E O K
Z P N I K R A L I X L A E V S
```

ANIMALS	LLAMA
BABOON	MEERKAT
BIG GAME	MONKEY
BREEDING	NATURAL
BUFFALO	OSTRICH
CARNIVORE	PELICAN
EDUCATION	RANGER
ELAND	TIGERS
GUIDES	VULNERABLE
HABITAT	WALLABY
HERBIVORE	WARDEN
LIONS	WILDLIFE

```
D E N D A N O I T A C U D E L
G N I D E E R B D A F E M A V
O E D K S D X B T G L E R P M
H R E I E R Z H I A K U A C O
E O A E D A E Y N G T Q B T N
E V L S I W G D M A G I B V K
R I E G U V U L N E R A B L E
O N W P G W T A K R E E M A Y
V R I D E A S R E P J T Z E H
I A L I J L N C E I V S T S C
B C D T A L I O A G L O I N I
R H L M B A H C O L N C G O R
E D I A F B X E A B U A E I T
H N F C U Y V M L N A G R L S
A N E L O L A F F U B B S P O
```

BASS DRUM	PIANO
BASSOON	RECORDER
CASTANETS	SAXOPHONE
CELESTA	TAMBOURINE
CELLO	TAM-TAM
COR ANGLAIS	TRIANGLE
CORNET	TROMBONE
DULCIMER	TRUMPET
EUPHONIUM	VIBRAPHONE
FLUTE	VIOLA
GUITAR	VIOLIN
MARIMBA	XYLOPHONE

```
E L G N A I R T E O N A I P C
D N C E L E S T A E R B T X O
T I V J V O M L C E L F A N R
S L I V E P O A M A R I M B A
T O B V X I X I T K C F B C N
E I R O V Y C V R M Q J O E G
N V A E L L L E U Z A G U N L
A Y P B U L C O M Q X T R O A
T M H D K O E O P N B C I B I
S A O X R L Y C E H X O N M S
A Z N D U F L U T E O R E O F
C G E U P H O N I U M N H R R
T R H B N O O S S A B E E T Y
M U R D S S A B G U I T A R X
N Y E N O H P O X A S Y H J H
```

US STATES

ALABAMA	MONTANA
ARIZONA	NEBRASKA
COLORADO	NEVADA
GEORGIA	NEW YORK
HAWAII	OHIO
IDAHO	OKLAHOMA
ILLINOIS	OREGON
IOWA	PENNSYLVANIA
KANSAS	TEXAS
LOUISIANA	UTAH
MAINE	WEST VIRGINIA
MARYLAND	WYOMING

```
C D H M K D P G L N E R E A B
B O A B D Q A N P O F M J N L
X I L W S T B I D G M M F A E
A H Z O O M A M G E H T A I F
I O B O R I K O E R T A A S X
N R S H H A V Y A O O K T I A
I A I A K A D W A M S E O U N
G N O W R Z D O T A A L G O O
R T N A O B I I R I G B P L Z
I E I I Y K A B N N J Y A U I
V X L I W A E P Y E M K O L R
T A L P E N N S Y L V A N I A
S S I T N S M A R Y L A N D D
E A M O H A L K O W A D D O G
W V M G Z S A N A T N O M A U
```

37

WILD FLOWERS

ASPHODEL	RAGWORT
BARTSIA	RAMSONS
BISTORT	ROCKET
BUGLE	SAFFRON
COMFREY	STOCK
CORNFLOWER	SUNDEW
FAT HEN	TEASEL
FEVERFEW	THRIFT
HEATHER	VALERIAN
HEMLOCK	VIOLET
LILY	WILLOWHERB
NETTLE	YARROW

```
R F A T E K C O R A I T T C Z
Y A B A G L E C O M F R E Y H
A T R F T R O T S I B O F Q E
R H E N J Y Y R R A Z G E Z M
R E H T A E H H U G F G V M L
O N W K O C T Z J N H F E Y O
W A O C O R N F L O W E R Q C
E I L U L G N T Y E R H F O K
L R L J E H T B D A M Z E G N
G E I Q D R A N M Q T E W K Z
U L W S O J U S E Y L I L J B
B A U W H S O T T T E A S E L
A V G V P N Q O G L T X W S Y
B A R T S I A C J T E L O I V
R P D R A B T K C F W H E N T
```

FRUITS

BANANA

BILBERRY

CHERRY

CLEMENTINE

GRAPE

GUAVA

HUCKLEBERRY

KIWI

LEMON

LIME

LYCHEE

MANGO

MELON

OLIVE

ORANGE

PEACH

PINEAPPLE

PLANTAIN

POMEGRANATE

POMELO

PRUNE

QUINCE

STAR FRUIT

TANGERINE

```
S T E L P P A E N I P A S C Y
E V E R B A V J O I H K V C R
E N I E L P P A M L U H X V R
N E I H U C K L E B E R R Y E
I C T R X R A E L M A M Q Y B
T N I A E P T N O I P N O H L
N I U A N G I Z N E M E A P I
E U R E V A N B J C N E A N B
M Q F G T A R A O F H U I C A
E G R N P B U G T L E E R V H
L Z A A N R N G E E I C R P K
C L T R S A C C H M W V O R S
P F S O M N K C C E O L E Y Y
A E P A R G Y F A V U P U G Z
E S C A R L E D I W I K A Y D
```

ARISE

AWAKEN

BED-MAKING

BLEARY-EYED

BREAKFAST

CEREAL

COCK-CROW

COFFEE

DAYBREAK

DRESSING

EXERCISES

FACE CLOTH

HAIRBRUSH

MUESLI

OFF TO WORK

OVERSLEEP

SCRATCH

SHOWER

SLIPPERS

SNOOZE

STRETCHING

SUNRISE

WASHING

YAWNING

N E K A W A G I L S E U M M L
T I E R N S U N R I S E S F E
H C T A R C S K I W O N U A C
G K H S N S P A U H O L I I O
G N A T A Y R R R O S S A E C
N B I Y O F G E Z C H A E B K
I L R S A L K E P O E F W E C
H E B E S W C A W P F R V D R
C A R S S E N E E O I U E M O
T R U I L I R I C R O L S A W
E Y S C U G R D N A B W S K L
R E H R H A C A O G F O Z I Y
T Y Z E D A Y B R E A K W N R
S E H X P E E L S R E V O G O
F D I E O F F T O W O R K G U

ANGEL FOOD	GINGER
BIRTHDAY	LAYER
BROWNIES	LEMON
CARROT	MARBLE
CHEESE	MIXTURE
CHERRY	MOCHA
CHOCOLATE	MUFFIN
COCONUT	ORANGE
CREAM GATEAU	POUND
CURRANT	RAISIN
EASTER	SAFFRON
FRUIT	YULE LOG

```
U R C S E I N W O R B X B I S
A E A H M G F T E G J E T E A
E Y U L E L O G Q S X V C R N
T A Y W O R N G F A O Z O U M
A L N K W I R M I F V C C T U
G A G O G N W Y A F F C O X F
M P C L M Z I N I R Z R N I F
A S G E P E G S V O B O U M I
E P J O G E L R I N Y L T I N
R S U J L N C Z E A S T E R T
C N E F K Y A D H T R I B J A
D X O E K O R R G C K A Q H G
E O D T H U R I O A H Z C V P
D M C H O C O L A T E O C C R
C U R R A N T R C N M G C I H
```

ADAMS	HEKLA
ARARAT	JANNU
BEN NEVIS	KAMET
BOLIVAR	KENYA
BRUCE	MACHU PICCHU
CARMEL	MERU
CENIS	SINAI
CHO OYU	TALUNG
DHAULAGIRI	TEIDE
EIGER	TIRICH MIR
ELBRUS	TRIVOR
FUJI	VINSON

```
J T M A C H U P I C C H U W I
C H R O C E L B R U S E C T J
E W V C J V A R I S P K N V U
V G W A A Y X O G V M W P I F
M D N L N R F V A I Q A M K S
R N J E T G A I L S A E D H K
U W K E B D J R U E R N S A Z
A L M X E C J T A U D N I E D
T A E S C Z G G H T G I V S C
K L H Q U S I N D A I V E C H
E I G E R L O U J V L D N T O
U I N I B S C L G F V K N B O
A G W V N K H A C A R M E L Y
B O L I V A R T J K K N B H U
U H V H G R I M H C I R I T I
```

Solutions

1

```
F O S T I U R F T S E R O F B
O I H C A T S I P L E M P A I
E M A P L E A N D W A L N U T
R I C I L C T E V H S A S A T
N N R N I U A A D W N M H E U
A O E E N L E P L A A U E T R
C M M A A E A O P R D Z R N F
E U E V M W L Z U D T B E I I
P P B P R A L I N E C T E E T
R S R L Q R P T J N U C T R T
E T U E M A Z A Y N O B I G U
T T L K N C A N O M E M O N T
T P E A C H O C O L A T E Z O
U I E T O T O C I R P A Q L U
B I S K E C H O C A N D N U T
```

2

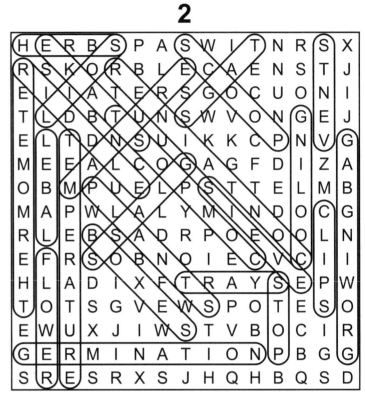

```
H E R B S P A S W I T N R S X
R S K O R B L E C A E N S T J
E I I A T E R S G O C U O N J
T L D B T U N S W V O N G E J
E L T D N S U I K K C P N I G
M E E A L C O G A G F D I Z A
O B M P U E L P S T T E L M B
R A P W L A L Y M I N D O C G
L E B S A D R P O E O O L I N
E F R S O B N O I E C V C I I
H L A D I X F T R A Y S E P W
T O T S G V E W S P O T E S O
E W U X J I W S T V B O C I R
G E R M I N A T I O N P B G G
S R E S R X S J H Q H B Q S D
```

3

```
D E M K G N I H S A L F R A G
I D A R E A L L Y H V F D T I
V B L A Z I N G K S O A T W N
I S M T B Y N N U S G W I I T
V M U S T N A I D A R R Y N E
K D E O N N E N R O I P E K N
B N A Y N C Z I U D E D Q L S
Y R E V L I S H E L N D F I E
B D I H A H M S L E A Y L N I
E I Y L S S C U L S S C A G I
A R R O L E C P L C E D M R Y
M U E O N I S V G L O W I N G
I L I T D E A S B B L I N R R
N M F X R O G N I R A L G X G
G L E A M I N G T U P L A R J
```

4

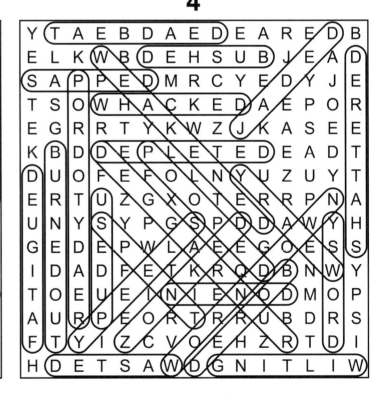

```
Y T A E B D A E D E A R E D B
E L K W B D E H S U B J E A D
S A P P E D M R C Y E D Y J E
T S O W H A C K E D A E P O R
E G R R T Y K W Z J K A S E E
K B D D E P L E T E D E A D T
D U O F E F O L N Y U Z U Y T
E R T U Z G X O T E R R P N A
U N Y S Y P G S P D D A W Y H
U O E D E P W L A E E G O E S
R T A D F E T K R O D B N W S
T O E U E I N I E N O D M O P
A U R P E O R T R R U B D R S
F T Y I Z C V O E H Z R T D I
H D E T S A W D G N I T L I W
```

Solutions

5

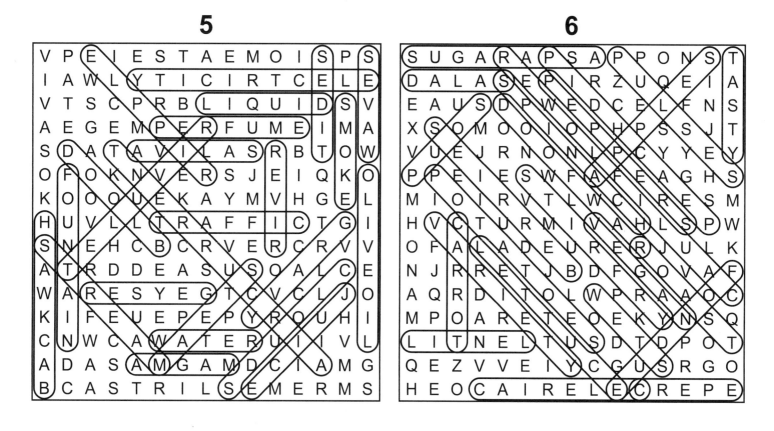

6

7

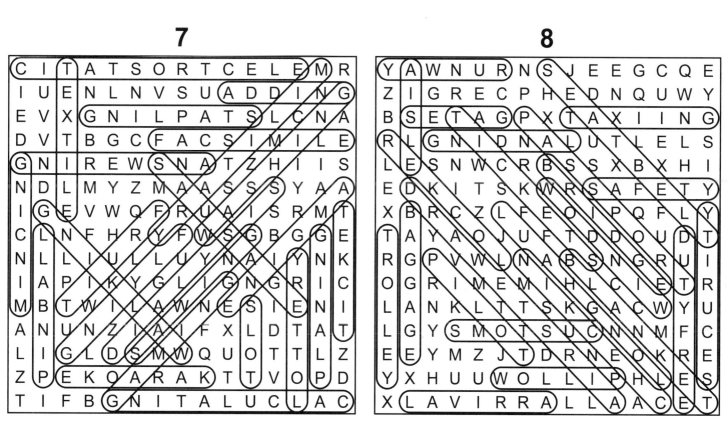

8

Solutions

9

```
E T A T I L I C A F M P Z N Z
V Y S V P E R E U T C N D U S
R L E S B A R E T S I N I M E
E C W X D A X A C O U K I C Y
S N Y L V P X T L O M I R W G
Z B E N E F I T R B E O Q Y I
R C B D V F Y A E O F T R Z N
F E I E G V Y W N N P O H P T
D T T D I L G F I U S P N V E
E N Y S L H P E I N R A U C R
N R O A O O R R O T D T N S C
C U R C Q F H P O V R A U C E
D Q R G E E S P I P V O C R D
S F Q S A S D S U D U J F I E
X N B L E Q E T A R E P O O C
```

10

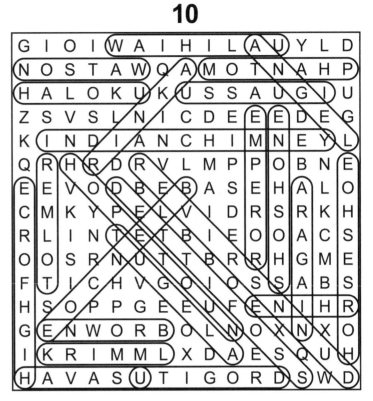

```
G I O I W A I H I L A U Y L D
N O S T A W Q A M O T N A H P
H A L O K U K U S S A U G I U
Z S V S L N I C D E E E D E G
K I N D I A N C H I M N E Y L
Q R H R D R V L M P P O B N E
E E V O D B E B A S E H A L O
C M K Y P E L V I D R S R K H
R L I N T E T B I E O A C M S
O O S R N U T T B R R H G M E
F T I C H V G O I O S S A B S
H S O P P G E E U F E N I H R
G E N W O R B O L N O X N X O
I K R I M M L X D A E S Q U H
H A V A S U T I G O R D S W D
```

11

```
C E D O L L Y D C S O T H E N
A M A F U Y P R Y O U U T K O
G A B P U M P K I N C Z C W T
E S N K R L O T T C J O E U Y
K E A L E Z P S F O T H N X H
I S E T M B E H I R S L N U C
D Q E M R H A H E A A I B E T
N B T A C Z C D C W M F L A X
O J Z P E A N U T U A E T R Y
M I T L T A N U C N R N U E K
L F N S I A T O N Y T N N S L
A U I R C M B A T U N E N I P
T P O E G N T R A C U L X N L
G C P A U T L L I D A L L A H
U P V T O N C A N T I M A R O
```

12

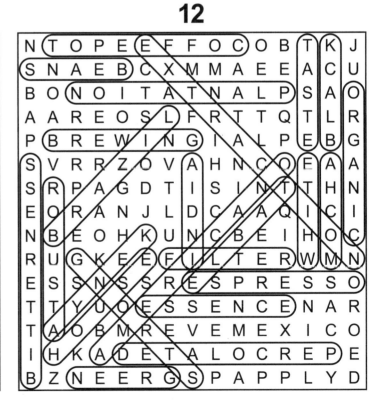

```
N T O P E E F F O C O B T K J
S N A E B C X M M A E E A C U
B O N O I T A T N A L P S A R
A A R E O S L F R T T Q T A G
P B R E W I N G I A L P E B A
S V R R Z O V A H N C O E A N
S R P A G D T I S I N T T H I
E O R A N J L D C A A Q I C C
N B E O H K U N C B E I H O C
R U G K E E F I L T E R W M N
E S S N S S R E S P R E S S O
T T Y U O E S S E N C E N A R
T A O B M R E V E M E X I C O
I H K A D E T A L O C R E P E
B Z N E E R G S P A P P L Y D
```

Solutions

13

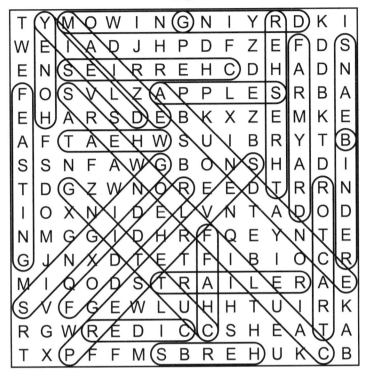

14

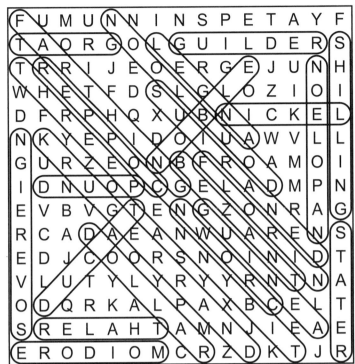

15

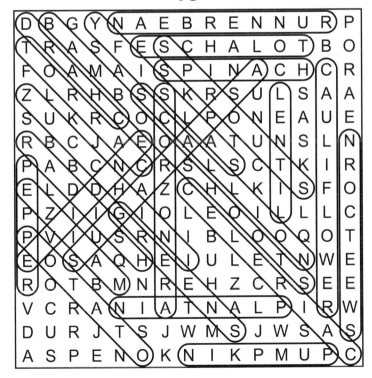

16

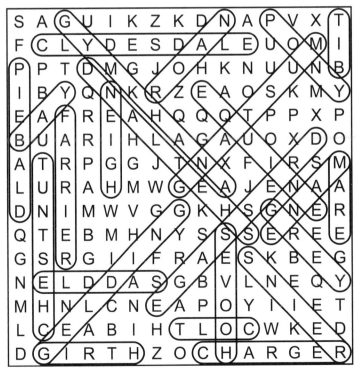

Solutions

17

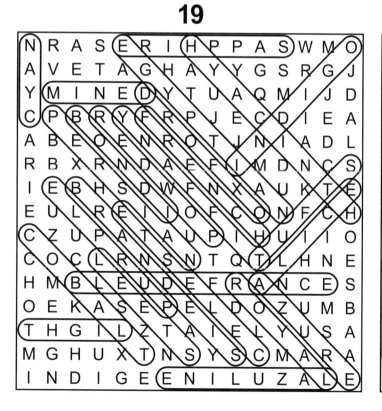

18

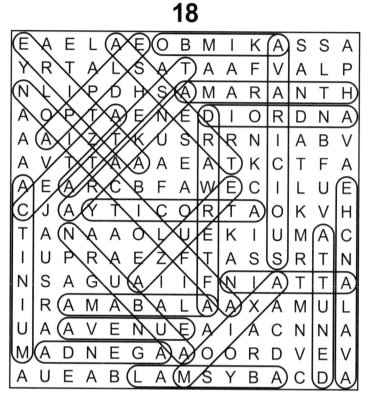

19

20

Solutions

21

```
W A Y S M O O R H S U M Y C W
A T R A M B U E S E Q E G R A
L E O O L I V E S N T R H O L
E O C E A U R E L T E W U U D
G W I S R C E X E E U A S T O
G A R H I E H O R N U N L B O
A B A C O C T G P D A C N R N F
B A D L C K I E Y I R R U E G O
A D I D I A P C N V C J T H F O
C S T N P R A S E A C S L A N I
A H I E S H A L L O T S R N U O
R V R C O L E S L A W H R U O N
R A E S P R S O E F A N U Z N S
O W V H Y F A W A L E U O I S
T S S E C E I P N O C A B M D
```

22

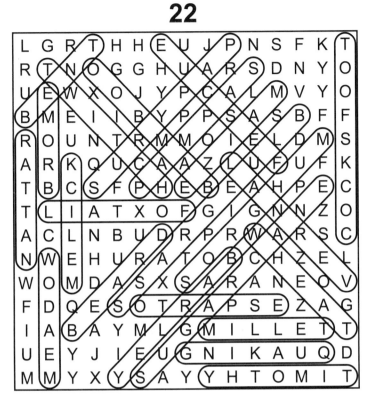

```
L G R T H H E U J P N S F K T
R T N O G G H U A R S D N Y O
U E W X O J Y P C A L M V Y O
B M E I I B Y P P S A S B F F
R O U N T R M M O I E L D M S
A R K Q U C A A Z L U F U F K
T B C S F P H E B E A H P E O
L I A T X O F G I G N N Z O C
A C L N B U D R P R W A R S C
N W E H U R A T O B C H Z E L
W O M D A S X S A R A N E O V
F D Q E S O T R A P S E Z A G
I A B A Y M L G M I L L E T T
U E Y J I E U G N I K A U Q D
M M Y X Y S A Y Y H T O M I T
```

23

```
M Y D V D A P P E S S E P A T
R U D R S E L K C I P U T K A
N E H N A O R E J K R Y G H M
O A T G A T Y Y C Y L H I A A
C S P T R C S I S L E M O N R
L H G I I O P U U K I M C H I
O Y E H A Z B S P C E D F E Y
Y I R I S R T K R A E W O U D
I B R T J P A N O H J G C M C
N E K R P Y A M S R U U A P B
G R I E A E T R E R D B R C U
M T N A D N O F T N E B A T D
O F S C H O C O L A T E M R U
E G L L R H O N M Y M D E M B
L I M E J U I C E P Z E L O U
```

24

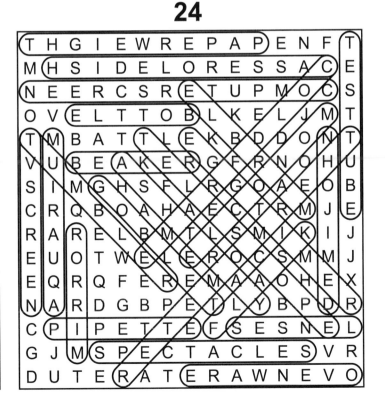

```
T H G I E W R E P A P E N F T
M H S I D E L O R E S S A C E
N E E R C S R E T U P M O C S
O V E L T T O B L K E L J M T
T M B A T T L E K B D D O N U
V U B E A K E R G F R N O H B
S I M G H S F L R G O A E O E
C R Q B O A H A E C T R M J I
R A R E L B M T L S M I K J J
E U O T W E L E R O C S M M J
E Q R Q F E R E M A A O H E X
N A R D G B P E T L Y B P D R
C P I P E T T E F S E S N E L
G J M S P E C T A C L E S V R
D U T E R A T E R A W N E V O
```

Solutions

25

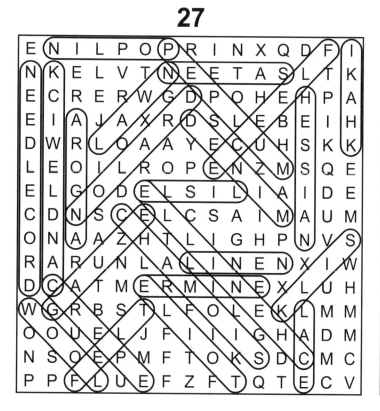

```
M O O M A X M H M E M A M M F
M L O C L A M U V M M I O A M
I I D T D R I T R Y X O M E M
M M A L D G O N A R E M B U
I A M D E Y F O M H C O N N S
U R L M E N T M S H R Y M O L
M X I M I E O U A I G O A O
A I M S M W M N A G I H Y M M
R S I O J P I M M D N U H J O
J M X C N S T N O E M U E Y D
O E J O M O M E N T U M M M
R M A R O B G M E E M I O S C
A H M C F M A R T Y R D O M U
M U M I N I M B A F E S M I M
M E S M E R I S M M U E S U M
```

26

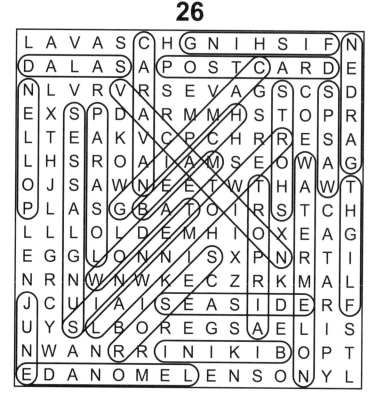

```
L A V A S C H G N I H S I F N
D A L A S A P O S T C A R D E
N L V R V R S E V A G S C S D
E X S P D A R M M H S T O R
L T E A K V C P C H R R E S A
L O J S A R O A I A M S E O W G
O P L A S G B A T O I R S A H
L L L O L D E M H I O X E R T T
E G G L O N N I S X P N R I
N R N W N W K E C Z R K M A L
J C U I A I S E A S I D E I F
U Y S L B O R E G S A E L S
N W A N R R I N I K I B O P T
E D A N O M E L E N S O N Y L
```

27

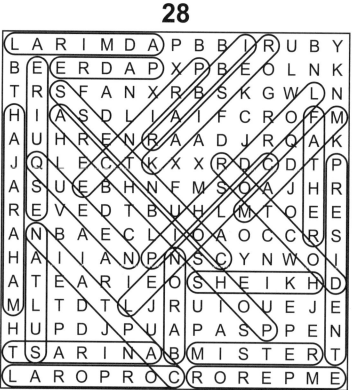

```
E N I L P O P R I N X Q D F I
N K E L V T N E E T A S L T K
E C R E R W G D P O H E H P A
I A J A X R D S L E B E I H K
D W R L O A A Y E C U H S I K
L E O I L R O P E N Z M S Q E
E L G O D E L S I L I A I D E
C N S C E L C S A I M A U M
O A A Z H T L I G H P N V S
R A R U N L A L I N E N X I W
D C A T M E R M I N E X L U H
W G R B S T L F O L E K L M M
O O U E L J F I I I G H A D M
N S O E P M F T O K S D C M C
P P F L U E F Z F T Q T E C V
```

28

```
L A R I M D A P B B I R U B Y
B E E R D A P X P B E O L N K
T R S F A N X R B S K G W L N
H I A S D L I A I F C R O M
A U H R E N R A A D J R Q A K
J Q L E C T K X X R D C D T P
A S U E B H N F M S O A J H R
R E V E D T B U H L M T O E E
A N B A E C L I O A O C C R S
H A I I A N P N S C Y N W O I
A T E A R I E O S H E I K H D
M L T D T L J R U I O U E J E
H U P D J P U A P A S P P E N
T S A R I N A B M I S T E R T
L A R O P R O C R O R E P M E
```

Solutions

29

30

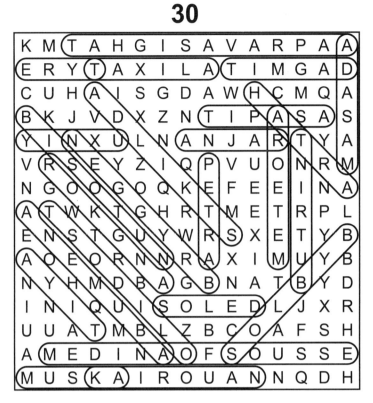

31

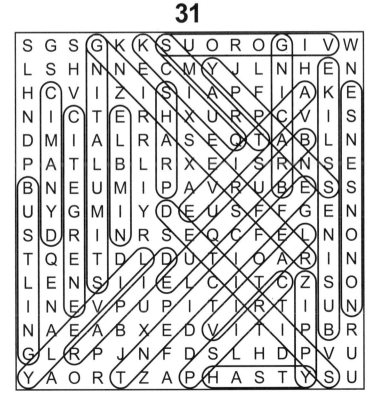

32

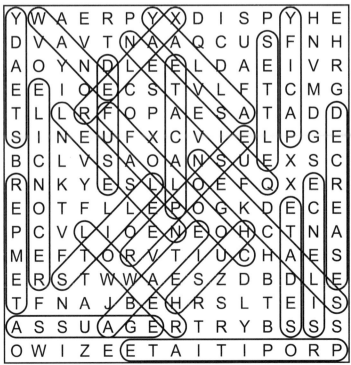

Solutions

33

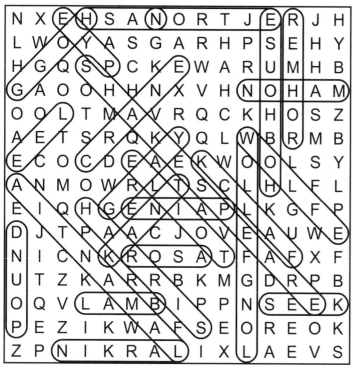

34

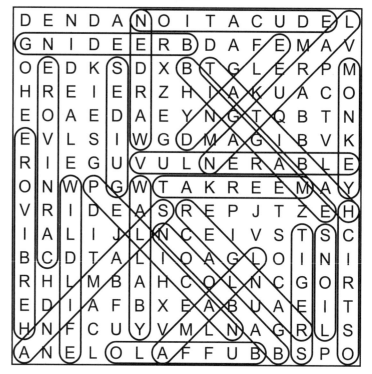

35

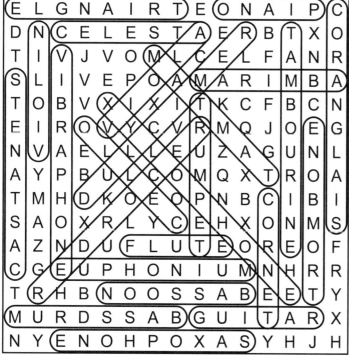

36

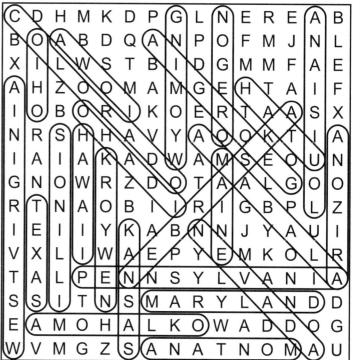

Solutions

37

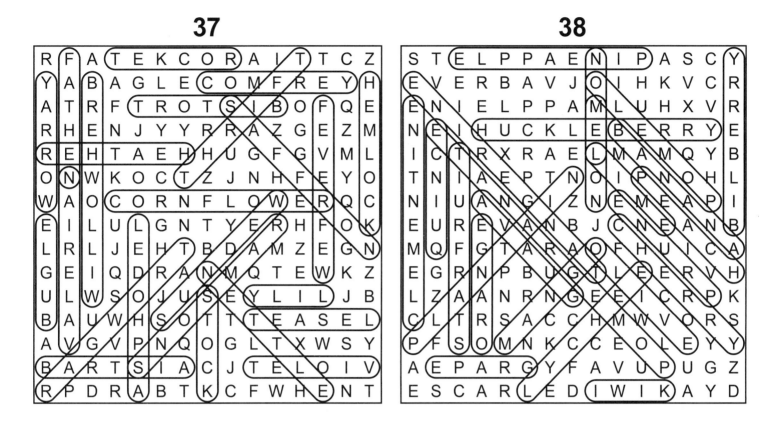

38

39

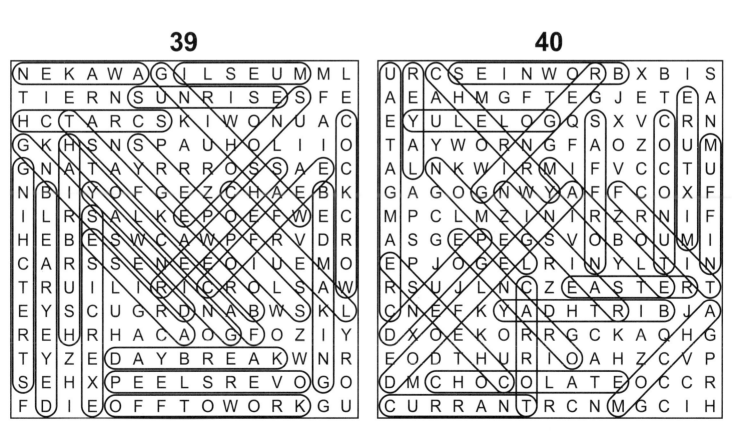

40

Solutions

41

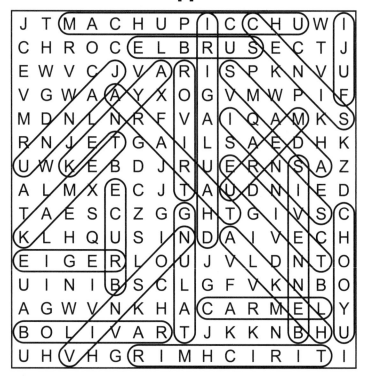